|다래헌시선 235|

내 영혼의 꿈

김 진 율 시집

다래헌

┃김진율

- 충청북도 보은군 탄부면 장암리 출생
- 《창조문학》 신인문학상 수상
- 시집 『엄마젖 한 근』, 『엄마젖 한 근 2』
- 한국문인협회 대전지회, 대전 동구문화원, 오정문학회, 보은문학회, 대정현문학회(제주도) 회원

김진율 시집

내 영혼의 꿈

지은이 | 김진율
펴낸이 | 박영호
펴낸날 | 2025년 11월 25일
펴낸곳 | 도서출판 다래헌
　　　　대전광역시 동구 선화로 218-1(정동 39-26)
　　　　TEL(042)254-2599~8
　　　　FAX(042)254-2549
　　　　E-mail daraeheon@naver.com

ⓒ김진율, 2025. Printed in Daejeon, Korea
ISBN 979-11-6414-640-6 03810

값16,000원

*저자연락처 : 010_5940_3200
*본문 내 사진: 김진율

〈서시〉

인생을 시로 쓰면

아가일 때
엄마젖 한 근
어린이 때
솜사탕 한 근
청춘일 때
희망이 한 근
늙어서는
회상이 한 근

한 근 한 근 꿰고 보니
시상(詩想)이 한 근

천둥이 먹구름을
조각내던 날
가슴이 두 근 두 근
후회가 또 한 근

닷 근 더 꿰고 나니
시가 한 꾸리
시가 절로 한 꾸리

❚ 목차 ❚

〈서시〉 인생을 시로 쓰면 __ 3

- 당신이 웃는 꽃 __ 11
- 달팽이의 하늘 __ 12
- 시가 있는 문장대 __ 13
- 어느 노인의 꿈 __ 14
- 화월(花月) __ 15
- 딱! 1 __ 16
- 딱! 2 __ 17
- 시 아리랑 1 __ 18
- 시 아리랑 2 __ 19
- 시 아리랑 3 __ 20
- 시 아리랑 4 __ 21
- 구월에의 가을 __ 22
- 묻는 바보 모르는 바보 __ 23
- 편견 __ 24
- 동심꽃 __ 26
- 타이밍 __ 27
- 깨달음의 미학 __ 29
- 키스 __ 30

- 이거면 되오 __ 31
- 무명의 늪 __ 32
- 허수아비의 춤 __ 33
- 늙은 꽃 __ 35
- 내 마음 __ 36
- 엄마젖 한 근 __ 37
- 사랑과 행복 __ 39
- 아름다운 것 __ 40
- 왜 __ 41
- 작은 것이 행복하다 __ 42
- 하얀 마음에 피는 수채화 __ 43
- 호롱별 __ 44
- 내 고향 산책로에서 __ 45
- 홀로 사는 인생 __ 46
- 어느 봄날 꽃을 보며 __ 47
- 그리우니 나래 펴라 __ 48
- 연꽃의 충언 __ 49
- 낙엽의 길 __ 50
- 시의 독백 __ 51
- 둥지 __ 52
- 생각대로 __ 53
- 미소 __ 54
- 그리움 __ 55
- 호뚜호뚜 오뚜뚜 __ 56

- 인생 찬가 __ 57
- 한(恨) __ 59
- 충고 __ 60
- 겨울나무 __ 61
- 침묵 __ 62
- 하루의 행복 __ 63
- 시인의 마음 __ 64
- 지상 최내의 절망 __ 65
- 동심은 그리워서 운다 하는가 __ 66
- 최고 인생 __ 67
- 내 꿈에 사색 옷을 __ 68
- 애향 __ 70
- 귀향 __ 71
- 예순 세월 __ 73
- 떨어진 잎새에 날개를 __ 74
- 시 한 잔 애(愛) __ 76
- 비애 __ 77
- 꽃님 __ 78
- 짝 __ 79
- 나비 새 __ 80
- 풀잎은 지금 꽃이다 __ 81
- 이런 사람이면 어떨까 __ 82
- 보셔요 __ 84
- 향수(鄕愁) __ 85

- 당신이 최고 __ 86
- 죽음/ 인연/ 마음 __ 87
- 연민 __ 88
- 지혜 __ 89
- 내면의 삶 __ 90
- 주체로 사는 삶 __ 91
- 희망 __ 92
- 반쪽이 둘 __ 93
- 박가야 김가야 __ 94
- 해탈 __ 95
- 이치 __ 96
- 뚜벅이 __ 97
- 죽음도 생명 __ 98
- 한 생(生) __ 100
- 누구든 나비는 갖고 산다 __ 101
- 무한 신뢰 __ 103
- 후회는 뒤에 꼭 온다 __ 104
- 여름날의 호수 __ 105
- 하늘의 꿈 __ 106
- 소쩍새의 일상 __ 107
- 소년의 상상과 초로의 상상 __ 108
- 미련 __ 110
- 전통놀이 __ 111
- 이유 __ 114

- 그 꽃의 비애 __ 115
- 꽃과 나 사이 __ 116
- 잃어버린 청춘 __ 117
- 세월의 상념 __ 119
- 무한의 인연 __ 120
- 사랑이란 그런 건가 __ 121
- 섬, 제주 __ 122
- 꽃을 보는 너도 꽃이다 __ 123
- 이상향 __ 124
- 유랑자 __ 126
- 너 __ 128
- 행복이 건네는 언어 __ 129
- 인생 일기 __ 131
- 사랑보다 좋은 이별할래 __ 132
- 시로 꾸미는 정원 __ 133
- 소원 __ 134
- 동행 __ 135
- 황혼가 __ 136
- 빈 산간, 마을 풍경 __ 138
- 길, 외길 __ 139
- 숨비소리 __ 141
- 어둠 __ 142
- 별, 그리움 __ 144
- 무조건 __ 146

- 인생사 __ 147
- 내가 만약 기도한다면 __ 148
- 내가 만약 외로워한다면 __ 150
- 그 길에서 __ 152
- 봄날 __ 153
- 산다는 것이 좋은 거 __ 154
- 새야 __ 155
- 산수 명월 __ 156
- 행복 __ 157
- 나의 시 __ 158
- 사계절 __ 159
- 시나 한 수 __ 160
- 일편단심 __ 161
- 그리운 고향 마을 __ 162
- 당신 얼굴 __ 164
- 오지 __ 165
- 별에게 __ 166
- 영혼에게 묻다 __ 168
- 내 영혼의 꿈 __ 170
- 이게 전부야 __ 171

〈에필로그〉 작은 글벗 집 __ 172

당신이 웃는 꽃

꽃이 웃나요?
이쁘나요?
그럼
당신
지금
꽃이에요

아, 당신이 꽃이에요
꽃을 보며 웃는 당신의 미소가
너무 따숴요
당신 얼굴에 하얀 달이
웃고 있어요
하늘만 바라보던 그 꽃이 당신에게
눈 맞춤해요

당신의 미소는 먼 우주
별들이 사는 나라의 꽃밭에서 떨어지는
한 송이 연짓빛 반짝이는 이슬
가슴이 말해요
당신이 지금
꽃이에요.

달팽이의 하늘

한 번도 가지 않은 길

제 뉘일 집 하나 등에 지고
세상 나들이 떠나던 날

향기에 홀리고 소리에 취하더니

이슬이 쳐놓은 그물에 갇혀
생퉁맞은 춤이나 춰대다가

가지와 잎새 사이 작고 파란 하늘에
마음 다 내어주고

이내 빈 몸만이

깊어 아슴한 기억의 미로 속으로
타박타박 타들어 간다

시가 있는 문장대

법주사 염불 소리
만 리를 향해 휘돌고
옛 얘기가 꿈꾸는 산
골이 깊어라

솔향기 벚꽃 향기가 감성을 깨우고
반겨 웃는 파란 하늘에
맺힌 설움이 다 녹는다

마음의 짐을 내려 오르고 오르니
등성이엔 하얀 웃음
천 년 빛깔 기암은 수도승 닮고

달님도 취해 넘는 문장대의 하늘에
한 줄 맘이나 보태려다
이내 수줍어

오! 선경이로다
오! 선경이로다.

어느 노인의 꿈

지렁이가 서서 가려다
낚시꾼 앞에서 자빠지고
돌멩이가 구르는 재주를 보이려다
수렁에 빠지고

하늘을 날자며 물을 떠난 메기는
꼬리만 까닥대는데
까마귀는 까치 옷을 훔쳐 입고
깍깍거리고

별들이 있어야 할 하늘엔
까만 바다가 으르렁거리며 떠 있는
이상한 나라의 망가진 시간
훌쩍이는 늙은 아이.

화월(花月)

달빛 촉촉한 이슬로
함초롬히 피어난 너

왕바람에 옹골지고
내 눈빛에 웃어줄 때

어찌 그 모양이
마음 안에 못 이르랴

나 오늘 밤 그대를

내가 수놓을 가장 이상적인 화폭으로
초대하여 춤추게 하리라

딱! 1

내일이 가고 모레쯤 세계 인구 80억
많은 걸까 적은 걸까
한 뼘의 얼굴들이 저마다 다 달라
묘하게도 다 달라

운명일까 숙명일까

누구는 백장미로
누구는 흑장미로

이 산에 떡갈나무 이렇게 생겼는데
저 산에 소나무는 저렇게도 사는구나

우연일까 필연일까

지금의 내 모습은
어찌하여 요럴까
딱! 요럴까

나는 누굴까

딱! 2

곳간에 재물 많다고
그게 어디 그대 것이요?

딱! 사는 동안 사용하는 만큼만
그대 것이오

서고에 책이 많다고
그게 어디 그대 것이요?

딱! 사는 동안 읽은 만큼만
그대 것이오

딱! 사는 만큼만 그대 삶인 것이오

시 아리랑 1

대숲 그림자
곧고

계곡에 바람
자유로우니

물과 하늘은
선명하여

꽃길에 마음
여여하여라

아리랑 아리랑 시 아리랑
아리랑 아리랑 시 아리랑

시 아리랑 2

시인의 가슴에
그리움이 그득하고

나그네의 꿈길에
달빛 그윽하니

팔월의 태양 아래
낙엽은 노래하고

시월 은하별이
단풍 숲에 피어 곱다

아리랑 아리랑 시 아리랑
아리랑 아리랑 시 아리랑

시 아리랑 3

오뉴월 향기에
수줍은 샌님

늦가을 햇살에
취해 춤추고

엄동 달빛에
늙은 동심

춘사월 꽃을 찾아
달의 사랑을 노래한다

아리랑 아리랑 시 아리랑
아리랑 아리랑 시 아리랑

시 아리랑 4

인생
뭐 있어

절망을 만나보고
쓸쓸함을 만난 다음
그리움에
젖어봐

그리고 하얀 솜구름에
시 한 줄 써봐

써보니까 써지더라
그냥 써지더라

쓰고 나면 좋더라
행복하더라

아리랑 아리랑 시 아리랑
아리랑 아리랑 시 아리랑

구월에의 가을

구월이 가을을
데리고 올 때

하늘은 열리고
두 눈은 깊어지고

햇살 넉넉한 잎새에

마음은 이미
한가을

사랑은 빨갛게
물들어 곱네.

묻는 바보 모르는 바보

당신은 아시나요
어디서 오셨나요

당신은 아시나요
뭘 하다 오셨나요

부(富)를 찾아 오셨나요
사랑 찾아 오셨나요

당신은 아시나요
당신은 누군가요

대답 한 번 해줘 봐요
알쏭달쏭 하시나요

당신은 아시나요
어디로 가시나요

복된 세상 가시나요
나는요?

편견

햇살 따가운 날 낯선 시골길을 걷다가
빗장 걸린 대문 앞 그 돌부리에 앉아 쉬어갈 줄
내 어찌 알았겠나

눈꺼풀 스르르 감길 즈음 나비 한 마리
팔랑팔랑 다가오다가
그 새의 입 속으로 홀연히 떠나갈 줄
내 어찌 알았겠나

그 골목에서
한 편의 시가 탄생하고 하늘이 기뻐 울 줄도
내 어찌 알았겠나

하얀 겨울 추위를 안고 피는 꽃도 있더이다
잎새 떨어진 늙은 고목에서도 새는 노래하고
여름 한가운데서 나의 봄은
파란 싹을 틔웠습니다

그대여 말하고 싶겠지만
아직은 나를 두고 이런 사람 그런 사람
말하지 마시게

나 지금 살아가고 있음에
나 죽거든 그때 귀에 대고
이왕이면 좋은 말, 우리 다시 만나자
그리 말해 주시게 그리 말해 주시게

동심꽃

추억꽃 피네
봄바람이 살랑살랑
분꽃이 피고 봉선화 피고
이름 모를 빨강 노랑 예쁜 꽃
하나하나 피네

흙돌담에 할미꽃 피네
개나리와 토끼풀꽃 그리고 달꽃
내 마음 쑤욱쑤욱 피네

별빛이 날 부르네
별들이 희롱하네
개구쟁이들 미소 끝에
흙꽃이 주렁주렁
구름 뒤에 여문 달이
아리랑을 부르네

타이밍

네가 피어 오라할 때
나는 너를 보려 하지 않았고
네가 아파 슬퍼할 때
외면하여 지나쳤다

어느 날 달빛 우는 소리에
너를 찾아 걸었지만
네가 웃던 그 자리엔
그리움만 서 있었다

돌아보며 후회한 것은
마음 하나 진작
비워내지 못한 것이요
늙어 절망하는 것은
너의 가는 길을 함께 하지
못했음이다

내리는 폭설이야
햇살 아래 녹겠지만
쏟아지는 소낙비야
흘러가니 된다지만

눈 달린 듯 젖어드는 외로움을
날개 단 듯 밀려드는 그리움을

아!
새벽 닭 우는 소리에
달은 저리 지는구나

깨달음의 미학

길가에 수많은 화려한 꽃들보다
마음에 피는 한 송이 꽃이
아름다워요

하늘에 수많은 찬란한 별들보다
말끝에 피는 한 송이 꽃이
아름다워요

깨달아 그대는 아는가 봐요
마음 속 행복꽃이
눈에 보여요

깨달아 그대여 아는가 봐요
말끝에 사랑꽃이
활짝 폈어요

누군가 행복을 소망하거든
가슴에 꽃 한 송이 심어 보아요

그러다 행복인지 알고 싶거든
말끝에 꽃이 핀 걸 보면 알아요

키스

그대 나와 함께
달빛 속으로 걸어가요

그대 나의 볼에
입맞춤해요

진주실로 달을 꿰어
그대 귀에 걸어 주고

내 가슴에 뜨는 별을
그대에게 다 줄 테요

내가 꾸던 꿈은 접어
그대 기쁨 채워주고

내게 있는 사랑으로
행복 챙겨 드리다

이거면 되오

빌딩 숲 회전의자
다 가져가오
소로길 벤치의자 하나면 되오

천만 억 조 금은보화
다 가져가오
소리 나는 동전 몇 닢 있으면 되오

초롱초롱 하늘 별을
다 담아가도
솔나무 우듬지 초승달로 족하고

탐이 나는 말을 골라
쏙쏙 빼가도
눈 앞에 파란 하늘
있으면 되오

그대 꿈속에
내가 있으면 되오
지금 걷는 오솔길
이거면 되오.

무명의 늪

살아서 제 몸 하나 지켜내지 못하고
죽어서 티끌 하나 들고 가지 못하네
권력으로 천년을 누려 살지 못함이며
재물 모아 극락세상 꾸려 살 수 없음이네

하물며 인생사
사람의 몸을 받아 태어나기 어려워
한 지혜나 얻으려 빈 손 쥐고 왔건마는
살아 이전 그때의 내가 지금의 나였음을,
오늘도 나는 내가
누구인지도 모르고 살아감이며

인생사가 이러한데 어리석어
산보다 높으려 하고
바다만큼 가지려 하며
별을 보려고 등 밝혀
하늘을 비추네.

허수아비의 춤

수 천 수 만 길 놔두고
길을 찾아 나서네
수 천 수 만 생각에
그 길마저 잃어
새가 울고 나비가 날아도
봄인 줄을 모르네

달빛은 꽃잎에 머무는데
꽃은 나를 보며 웃지 않고
목 빼들고 우는 수꿩의 소리
나뭇잎 떨어지며 사그락대는 소리

바람도 이 밤 서럽던가
자는 억새를 깨우고
빈 들에 허수아비
늘어진 긴 소매
제 몸 안아
펄럭이네.

어허라 강산아
이내 눈물을 받아다오

어허라 강산아
이내 춤을 보아다오.

늙은 꽃

꽃이고 싶었다
꽃이었다
꽃이 피고 있거늘 스쳐 지나가고
화려한 꽃잎에는 말하려 하면서
늙어 시드는 꽃이라 돌아섰다

그런 내게 꽃들은 말했다
어느 날 푸른 달빛 속에서 말했었다
꽃이려거든 꽃을 보아라
늙은 꽃을 보아라

너에게 어떤 감성과
혹은 어떤 영감을 줄 수 있으니
너의 모든 눈을 열고 늙은 꽃을 보아라
네가 가진 모든 마음 열어 늙은 꽃과 말해라

그 말 그때는 들리지 않았다
그 말 뜻 그때는 알지 못했다

나는 잡풀
늙은 꽃이 되지 못하는 못난 잡풀이었다.

내 마음

나는 마음이
파란 하늘만큼 높고 컸으면 좋겠다
고래만큼은 컸으면 좋겠다
그래도 새우보다는 조금 컸으면 좋겠다

나는 노인이려나 보다
밴댕이 속보다도 마음이 작은 것 같다

나는 허무한 유랑자
시들어 피지 않을
꽃인가 보다

향기 나는 꽃 앞에서
자랑하던 향기
숨기고 싶은
술 한 잔이다.

엄마젖 한 근

문고리를 잡은 듯
문고리에 잡힌 듯
발을 동동 구르고
처마 끝 고드름 과자가
간식거리 되어주던
그곳이 나의 시골
울 엄마 고향

매화꽃 피고
노란 개나리 피면
봄나비 날으니
울 엄마가 생각난다

자장가를 불러주며
빈 젖 물려 재우시고
줄게 없어 아파하던
울 엄마가 생각난다

재롱인지 투정인지
말괄량이 꼬마에게
아침밥을 먹이려다

애간장 다 태우고

문을 여는 소리는
어찌 그리 들으시어
얘야 무릎 다칠라
뛰지 말고 살살 다녀라
얘야 친구들과 싸우지 말고
사이좋게 놀아야한다,

사는 법도 모르고
철없이 살다보니
짝을 찾아 데려오마
하늘 가신 우리 엄마

달빛이 밝아
새도 지새우는 밤
엄마가 그리워서
엄마엄마 부르다가
엄마 별에 안겨서 잠이 듭니다

엄마엄마 우리 엄마
엄마엄마 우리 엄마

사랑과 행복

사랑은
꽃을 심는 마음이요
가꾸는 정성이며

행복은
꽃 심은 데서 깨가 쏟아지고
그 꽃 활짝 피는 것이다

아름다운 것

황매산 억새 꽃
아름다웠다

그러나

오가는 길 마음이
아름다웠다

부서지는 햇살 속

잔잔한 그리움이
그리 말했다
양지뜸 오색 꽃이
말해 주었다

가슴에 큰 꿈 하나
활짝 폈다며
호수에 반쪽달이
말을 건넨다

왜

왜 사람이라오?

얼굴이 닮았다고 사람이라오?
팔다리가 같아서 사람이라오

왜 사람이라오?

두 팔 휘적 걷는다고 사람이라오?
수완 좋아 살아서 사람이라오

꽃 중의 꽃 장미보다 사람인 것은
맹수의 왕 범보다도 사람인 것은

꿈이 있어 사람으로 태어났음을
사람다이 살자하여 태어났음을

왜 사람이라오?

작은 것이 행복하다

휘적휘적 흐느끼는
바다를 보고 가소

눈 덮인 산 통곡 소릴
들어나 보고 가소

잔잔한 호수는
바다가 안 부럽고

나지막한 꽃동산은
설산 아래 웃고 있네

큰 뜻을 품은 이여
조각하여 실천하면

사는 삶이 아름답고
작은 것이 행복하다

하얀 마음에 피는 수채화

달은 새에게 쪼이며
마음을 살 찌우고

꽃은 별빛에 빠져서
붉게 물드네

서툰 잠자리가
나비를 희롱하고

동화 숲의 해님은
동자들의 노래에 한가롭네

잎새에 반짝이는 이슬 있으니
달빛이 곱다 할 수 있겠고

풀잎이 춤추니
바람이 깨어나고 있음도 알겠구나.

호롱별

너무나 작아서 슬퍼 보이던
가냘픈 몸매에 가슴 아리던

거미의 눈물에도 흐느꼈지만
틈새의 바람에도 흔들렸지만

당신이 우리 가족 지켰습니다
당신의 모습 보며 배웠습니다

이제는 그 은덕에 감사드리며
우리 가족 훈장을 드리렵니다

문명이 어두울 때
당신은 호롱불

문명이 밝았으니
당신은 호롱별

지구를 지키는 큰 별 되라고
당신을 대장별로 추대합니다
이름을 호롱별로 부르렵니다.

내 고향 산책로에서

나는 내가 사는 하루를
사랑하며 살고 싶다
나는 내가 사는 지구에게
감사하며 살고 싶다

비록 다람쥐 몸통의
꼬리로 살아도
비록 백여우의 얕은 꾀를
흉내 내어 살아도

그 하루가 나를
버리지 않는 한
그 지구가 나를
내치지 않는 한

나는 천년화로 피기를
희망하여 살 것이며
나는 천년학이 되기를
꿈꾸면서 살 것이다

홀로 사는 인생

홀로이 하는 밥상을 놓고
주거니 받거니 오가는 술잔
홀로인 듯 둘이 되고
둘인 듯이 홀로이다
인생은 그런 거지
홀로 왔다 가는 거지
그 말만을 되뇌이다
그 밤을 꼬박 취했다지
그리 날이 밝았다지

어느 날은 꿈속에서
여나므 명쯤은 될까싶지
부어라 마셔라 오가던 잔에
인생은 그런 거야
홀로 살다 가는 거야
그 말만을 웅얼대다
그 밤을 꼬박 새웠다지
우느라 하늘도 지새웠다지
그리 홀로 살았다지

어느 봄날 꽃을 보며

노랑이 아닌 것이
빨강이지 않은 것이

파랑 하늘빛도 아니면서
하양 물빛이지도 않은 것이

양지에도 피우지 못하고
향기마저 없는 것이

덩그마니 홀로
핀 그 꽃이

가슴이 찡한 것은

동정일까
사랑일까

아픈 기다림의 애틋한
그리움일까

그리우니 나래 펴라

가문 밤 달이 그리워
호숫가를 걸으려니
호수에 별을 헤며
나비 앉아 우는구나
나비야 나래 펴라
그리우면 길 떠나자
소풍가듯이 가다가
구름 바다 건너
푸른 하늘에 닿거든
달이랑 별이랑 놀다가
마음은 두고
취해서 돌아오자.

연꽃의 충언

당신도 피어요
푹 담그고

눈

감
아
봐
요

낙엽의 길

매달려 곱더니

떠나는 길 춤사위에
달님도 길게 목을 뽑는다

뭍에서 빛나던 세월
물에 비쳐서 아름다운

낙엽

가는 그 길 어찌
꽃이 아니랴

시의 독백

봄 향기에 취해 보고
사색해 봐요
창을 열면 아슴아슴
시가 보일 거예요

가을의 빛깔로 추억의 밤하늘을
그려 보아요
눈 감으면 휘영청 달 아래
시가 있을 거예요

사랑이 써져요
예쁜 시가 써져요
가슴에 큰 꽃 늘 피어요

둥지

강가의 버들 피고 노을이 들면
멧부리에 바람새 깃을 세우네

행복 찾아 떠도는 게 인생이라 한다지만
파랑새 난다하여 바람아 불지 마라

그곳이 극락인 걸 믿고나 살으라니
철새가 떠난다고 텃새야 울지 마라

지는 꽃은 다시 피나 옛 꽃 아니 피고
지난 봄은 다시 오나 그 시절 아니 오네

둥지만이 행복 공간
허공에 어찌 뫼 있으랴

생각대로

죽겠네 죽겠네 아이구 죽겠네
하니 어떻소

피리라 피리라 애써 피리라
하여 피잖소

세상사가 평길이면
무슨 희락이 더 있겠소

인생길이 외길이면
한숨 말고 뭐 있겠소

푸서리길도 걸어보고
너덜길도 걸어보고
아파도 봐야
그래야 사는 것 아니이겠소

죽겠네 하지 말고
피리라 하면

생각대로 되리라
왜 아니 피겠소

미소

키다리 살살이 꽃이
눈을 떴어요
오롯이 나만 보며 웃어요

정들까 눈 감는데
아! 윙크하며 다가와요

몽실몽실 피어요
꽃이 피어요

방실방실 피어요
내 마음이 피어요

바람도 불고요
욜그랑 살그랑 불고요.

그리움

엄마 아빠 살으시어
별을 헤며 사시더니

엄마 아빠 별이 되어
동화나라 가셨다네

초저녁 창문 앞을
엄마별이 반짝반짝

새벽녘 골목길은
아빠별이 반짝반짝

우리는 언제나
한 지붕에 살지요

우리는 한 가족
마주보며 웃지요

호뚜호뚜 오뚜뚜

지상에서 최고로
아름다운 소리는
호뚜호뚜 오뚜뚜
아가 너의 그 소리
새 소리 물소리가
아름답다 하여도
호뚜호뚜 오뚜뚜 호뚜호뚜 오뚜뚜

지상에서 최고로
듣기 좋은 노래는
호뚜호뚜 오뚜뚜
아가 너의 그 노래
소리꾼의 노래가
듣기 좋다 하여도
호뚜호뚜 오뚜뚜 호뚜호뚜 오뚜뚜
호뚜호뚜 오뚜뚜 호뚜호뚜 오뚜뚜

*호뚜: 호수. 오뚜뚜: 옥수수

인생 찬가

내 마음 창에 별을 헤며
하루하루 새 인생을
살아가리니

내 마음 호수에 달을 띄워
한평생 노 저으며
살다 가리니

인생이 고달파도
그 인생을 사랑하면
향기 나는 연꽃처럼
아름다워지이다

하루를 살더라도
그 하루를 귀히 하면
천년을 산 것처럼
행복하여지이다

돌멩이로 살아도
푸새 되어 살지라도
나는나는 그 인생을

살아 내리라

이슬이라 홀대해도
낙엽이라 짓밟혀도
나는나는 그 인생을
사랑하리라

한(恨)

한숨 한 번 쉬고 나면 겨울
한숨 한 번 쉬고 나면 또 한겨울

저 멀리서 넘실넘실 오는 것은

외로움의 파도일까
그리움의 파도일까

눈 안에
외로움의 쓴 소리가 시끌하고

눈가엔
그리움의 쓴 소리가 시들하고

새벽 바람에 비둘기는
짝을 만나 날아가는데
꽃잎은 눈물 되어

꽃이 뚝뚝 떨어지네
겨울 꽃비가 흩날리네

충고

낮달은 내게
가슴으로 보라 하고

밤달은 내게
눈앞을 잘 보라 하고

봄비는 내게
소중한 줄 알라 하고

석양은 내게
사람으로 사는 것을 귀히 여겨
지혜 얻어 살라는데

백년의 환희심을
모르면서

천년학을
부러워만 하네.

겨울나무

갈맷빛이 아니어도 좋아
찬란함이 아니어도 좋아
그냥 그 자리에 서 있어
그러면 돼 겨울나무

하늘 향해 당당하고
땅을 향해 당돌하고
그냥 그 자리에 서 있어
그래도 돼 겨울나무

너의 고독이 순백함인 것을 알아
너의 하늘이 푸르름인 것을 알아
세상을 사는 지혜 너에게서 배워
고마워 겨울나무

텅 빈 겨울, 산을 찾아 나서는 건
네가 있어서야 널 찾아가는 거야
서 있는 네가 좋고 널 보면 맘이 편해
너에게서 위로 받고 너로 인해 치유되고
사랑해 겨울나무

침묵

꽃은
웃지 않는다
노래하지 않는다.
좋아한다는 말도 하지 않는다.
꽃은 그저 필 뿐
그런데도 예쁘다

꽃은
시기하지 않는다.
치근대지 않는다.
사랑한다는 말도 하지 않는다.

꽃은 그저 필 뿐

그래서 더 신비스럽고
그래서 더 보고 싶어지고
내가 너였으면 좋겠다
내가 너였으면 좋겠다.

하루의 행복

오늘 나는 보았습니다
그 꽃의 내면에
다소곳이 들어앉은 진정성과
성숙한 아름다움을

오늘 나는 알았습니다
발길 쉬일 때의 긴 여유와
꽃을 보던 그 마음이
저 깊은 수면 아래 가슴앓이 하던
아름다운 내 영혼이었음을

행복했습니다
침묵의 밤
경계선도 살아진 먼 산 그리워
부르고픈 임의 노래 한껏 부르다
소리는 갈라지고 목은 쉬어 터져도

오늘 하루 나는
충분히 행복하였습니다

시인의 마음

철새 날아 떠나면
나는 메마른 사막을 흐르는
물길이 되어 주고

나비가 날면
나는 파도 춤추는 바다에
작은 돛단배

나는 별의 사연을 노래하며
쉬어가는 나그네려오

나는 별들의 사랑 얘기를 예쁘게 말하는
시인이려오

지상 최대의 절망

달나라에 땅을 살까
별나라에 집 지을까

꿈나라의 왕 하려고
지구로 내려왔네

아직 왕은 못됐지만
헛된 망상 아니라네

희망이 절대라네
내 순번이 눈앞이네

나를 믿고
부탁 하나 들어준다면

내 순번을 그대에게 넘겨주든지
내 뒤로 그대가 왕을 하든지

어떠신가 내 제안이 괜찮지 않으신가
그대 위해 하는 제안 마음에 드시는가

동심은 그리워서 운다 하는가

하얀 구름 파란 하늘
둥지의 나비들도
저마다 떠나던 날
뒷산 계곡에 흰 추위 지즐대고

두메꽃 민얼굴이
봄 해에 수줍은 듯
이쁘둥이 잠꼬대는
꽃바람에 수줍은 듯

달님은 내게 한 꿈 내려주며
그리우면 가라하고
동산은 내게 삼경의 달빛이
그리도 좋다는데

아!
동심은 그리워서
운다 하는가
나의 꿈은 그리우니
가자 하는가

최고 인생

이어져 끝 없는 길
무얼 그리 바삐 가오

허둥지둥 사는 삶이
섭지는 않은 게요

가끔은 하늘 보며
조율하여 옳게 살아

북망산천이 반겨주면
부러울 게 뭐 있겠소

오실 때 빈 손
가실 때도 그러하니

다음 생을 잘 만나면
최고 인생 아니겠소

내 꿈에 사색 옷을

꿈속이었을까? 그 길
울퉁불퉁 꼬불꼬불 달구지가 즐거운 길
길 멀어 하늘 닿을 산 끝 외진 길
가끔은 나비 불러
타고 가던 그 길이
꿈속이었을까? 그 집
반딧불이 초롱초롱 불 밝히는 집
산짐승 눈물짓는 저녁놀 가진 집
달을 품은 어머니의
얼굴 닮은 그 집이
그 길에서 웃어주던 엄마의 미소가
얼마나 따뜻했는데
지우지를 못했는데
그 집에서 차려주던 엄마의 밥상이
얼마나 따뜻했는데
아직도 그리운데
아 그 모든 게
꿈이었다면 꿈속이었다면
팔도강산 곳곳에 핀 수많은 첫 꽃들이여
꿈에 걷던 그 길을 찾아봐 주오
아 그 모든 게

꿈이었다면 꿈속이었다면
팔도강산 곳곳에 날리는 수많은 첫눈들이여
꿈에 살던 그 집으로 데려다 주오
내 꿈으로 들어와 마음을 휘젓고 간
그 길을 찾습니다
내 꿈으로 들어와 잠깐 머물다 사라진
그 집을 찾습니다
나는 바보일까요 정말 바보일까요
구름옷 입고 누운 꽃산으로 가는
그 길을 찾습니다
속세의 구름이 흘러들어 시가 되고
별들이 모여 앉아 시를 쓰는
그런 집을 찾습니다

이 세상 모든 생명들이여 바라건데
내 소원을 함께 빌어주소서
지금 나는 코스모스 한 송이
비틀거리며 남아있는 한 계절의 끝을
걷고 있습니다
소원이 이루어지기를 간절히 염원하며
걷고 있습니다.

애향

지는 달을 묶어두고
고향 얘기 들어볼까
백여시를 앉혀놓고
향수를 달래볼까

풀숲에서 흐느끼는
고향 나빌 보았는데
할배별이 안 보여서
보고 싶어 운다하네

우는 나비 달래려
두 눈이 울고
우는 눈을 나무라다
가슴이 울고

고향 산천 떠올리며
고개 들어 하늘 보니
애향이란 두 글자가
낙수되어 흩날리네

귀향

방랑의 신이 된들
하늘 끝을 가겠는가
천하의 왕이 된들
달이 별이 내께 될까

가세가세 돌아가세
고향으로 돌아가세
청산으로 돌아가세

작은 연못 만들어서
마음 실어 배 띄우고
작은 마당 만들어서
햇살 채워 배 띄우면

사는 그곳 무릉도원
왜 아닐 테고
닿는 그곳 샹그릴라
왜 아닐 텐가

가세가세 돌아가세
고향으로 돌아가세

추억 찾아 청산으로
어허야 가세

예순 세월

억새밭에 잔풀도 아니이면서
발소리에 목매어 했던가
꽃인 양 하여

허공 만 리 뜬구름 이으려다가
스무 인연 봉오리 맺지 못하고

요란한 빈 수레에 찬바람만이
얼룩진 터널 끝에 빗줄기만이

서산노을 무리무리 한갓지건만
예순 인연 노인이여

예순 세월
파도 소리 파도 소리

떨어진 잎새에 날개를

개구리 형제가 뛰노는 듯
뒤뚱뒤뚱 오리 가족의 나들이 행렬인 듯
멀리서 보면 그 모습
가까이 보니 잎새로다

홀로서기 아장아장
걸음마 연습일까
가을 끝 이별의
마지막 투혼일까

나는 듯 나는 듯
날지 못하고
날개인 듯 날개인 듯
날개이지 못하고

가던 걸음 멈춰서
그 모습을 바라다 본다
괜스레 슬퍼지며
가슴이 저며 온다

그러나

너를 밟으며 걷는 나
너를 밟으며 걷는
또 다른 이들

조각조각 부서지며
애끊는 소리
제 몸 따로 이별하며
애통해 하는 소리

너를 위해 기도해본다
언젠가는 날개 되라
기도하며 걷는다

낙엽 위에도
내 가슴에도
사륵사륵
별비가 내린다

시 한 잔 애(愛)

시 한 잔에
달과

시 한 잔에
고향

시 한 잔에
별 헤던 눈동자

그대 향기
그대 그리움

비애

풀꽃은
가는 이의 발걸음에
섧고

낙엽은
밟는 이의 마음에
아파하며

한밤중 귀뚜리는
노인의 긴 한숨에
울음 운다

꽃님

내가 그대를
임이라 함은

그대 가벼이 내뱉는 말이
결코 허언 되지 않고

그대 말없는 침묵이
결코 무겁지가 않으며

그대 눈 속에
다소곳이 들어앉아 핀
내 모습이
너무도 고와 보여

그래서 그대는 나를
꽃이라 하고
그래서 나는 그대를
임이라 하오

짝

절간 앞에 오색나비
홀로이 날아

짝을 찾아 줄까나
먼 길 떠나가더니

달빛 아래 그림자 하나
저 홀로 외롭구나

나비 새

흔들리지 않고 난다 하여
다가와 주는 이 없고
눈물 없이 운다 하여
귀 열어 듣자 하는 이 없네

나는 나비 새

홀로 피는 꽃잎에도 흔들리고
꽃향기 마지막 보낼 적
몰래 한숨을 삼키며 허공을 날지만
사랑을 말하지 못하는

나는 슬픈 나비 새

비눗방울 같은 눈을 가졌으면서도
눈물이 메말라 가슴으로 우는 걸
아는 이 있을까

아픈 날개 저어 날아가는
나는 나비 새
나비 새 나비 새 나비 새

풀잎은 지금 꽃이다

풀잎은 춤을 추는 것이 아니었다
그저 바람에 제 한 몸
내어주었을 뿐이었다
풀잎은 한 번도 웃어본 적이 없다
그저 몰래 스며든 달빛에
하얀 잇몸 드러내지 않으려는
작은 몸짓이었을 뿐이었다
풀잎은 향기를 갖지 않는다
이웃집 꽃순이네 식구에게
서둘러 주었음이다

풀잎은 어설프게 왔다 떠난
이슬의 이별을
마음 아파하는 여린 소녀의
꿈이었다
상처받을 줄 알면서도
다가와주길 기다리는 그는 언제나
사랑이었다
속이 꽉 찬 꽃이었다
풀잎은 지금 꽃이다

이런 사람이면 어떨까

하얀 양산 쓰고 졸졸졸 봄이 오는 소리에
버들보다 먼저 나가 인사를 하고

스멀스멀 젖어드는 여름 태양에
수고한다 말 한마디 건넬 줄 알며

송알송알 익어가는 가을 들에서
사랑 시를 낭송하다 사색에 풍덩하고

한겨울 함박눈이 내리는 날
겨울바다 보러 가자 투정 반에 재롱 반

그러면서
만월보다는 반달이 되어 살길 바라며

피는 꽃의 아름다움보다
지는 꽃을 가슴에 담을 줄 아는

그런 사람

성질은 있지만

남을 먼저 배려하고

옆에 있으면
한없이 안아주고 싶은

당신이 바로
이런 사람이면 어떨까

보셔요

보셔요
그대 언제 꽃이었나요?
눈앞에서 방실방실 피고 있어요

보셔요
그대 언제 나비였나요?
꿈속 저 먼데서 춤추며 와요

보셔요
이제는 내 마음을 떠보려 말아요
샛별이 내 마음을 달래 주어요

보셔요
이제는 내 마음을 가지려 말아요
보름달이 내 마음을 보고 있어요

꽃인 양 나비인 양 오지 말아요
이제야 유토피아를 알 것 같아요

그대 만난 처음은 기억할게요

향수(鄕愁)

울 아부지 땀방울에
미소 가득하고

울 어머니 꽃비녀에
숨어 피던 꿈 한 송이

그 고향에
새가 울지 않고

샘터 사라져
임도 오지 않으니

나는

별이 그리워 떠도는
이방인

달 속에 드러누워
밤을 마실밖에

당신이 최고

바다가 숨을 고르던 날 해는 낮달에 쉬고
아기 구름 하나 달랑 떠다닙니다
나는 개울가로 나가 꿈꾸는 물결이 되어
작은 어깨 위에 햇살 한 줌을 얹어봅니다

금세 산호초 길 따라 바다를 항해하고
낙지와 문어의 친구도 되고
나비를 태워주는 고래도 되고
한밤의 날갯짓 땐 별빛이 사르르
부서져 내려앉습니다

이제는 밤늦어
열려있던 사색의 문을 닫으려 합니다
하얀 하늘 너머로
너른 꽃밭이 펼쳐집니다

눈부셔 마치
큰 꽃 하나 피어 있거늘
나만의 꽃송이 당신을 향해
힘껏 날개를 저어 날아갑니다.

죽음 -새로운 일상 또 다른 인연-

입고 있던 옷을 갈아입기 위한
죽음도 생명이다

인연

마르지 않는 샘터이며
늙지 않는 생명이다

마음 -수많은 세포 조각으로 퍼즐 맞추기-

도토리를 주우려고 고개 숙이다
다람쥐와 두 눈이 마주쳤다면?

폭풍우에 나비 한 쌍이
살려달라고 소리친다면?

연민

초저녁 소쩍새는
소박맞아 울고요

새벽녘 휘파람새
바람맞고 울고요

새장에 가둔 새는
억울하다 울고요

가슴에 으악새는
목숨 걸고 울어요

지혜

품은 게 욕망이라 부끄럽고
버리는 게 비움이라 부끄럽다면
지혜의 인연을 만난 것이요

욕망과 비움이 한 인연의 뿌리에 있음을 알아
조화롭게 가꾸고 산다면
이미 한 지혜를 얻은 것이다

내면의 삶

노을아
내게 네가 부러운 건
하늘에서 산다고
부러운 것이 아니다

네가 가진 재주가 많아
부러운 것도 아니고
동무를 많이 가진 것을
시샘하는 것도 아니다

시선을 끌 만큼 아름다워
질투하는 것도 아니며
석양 무렵 황홀함에 취해
그 몽롱함으로 시기하는 것도 아니다

그토록 네가 부러운 건 너는 늘
누구의 시선이나 평가를 의식하지 않고
흔들림 없는 초연함

주인공으로 사는 삶을
나는 부러워 할 뿐이다

주체로 사는 삶

해는 홀로여도
생명을 꾸리기에 충분하고
달은 홀로여도
휑한 마음마저 살찌운다

허공이 채우고도 남음이 있음은
허공 또한 하나이기 때문이며
허공이 만약 하나이지 않으면
채움으로 가득하여 숨도 쉬지 못할 것이다

해도 달도 허공도 둘이 아님은
굳이 둘일 필요가 없기 때문이요
별이 수없이 많다하여
밝지 않음이다

나는 나로 하나인 것도
해와 달과 허공에 비유함이요
천상천하에 유일무이하여
소중함이며 위대함이다

희망

짙어 구름이 까만 날엔
그리움이 깨어나 좋고
햇살 청청 맑은 날은
그대 닮아서 좋아라

어제의 짝사랑이 오늘
사랑을 고백해 올지 모르고
오늘의 불행이 어느 날
행복을 데리고 올지도 모르니

인생은 날마다 기쁨이어라
끝나지 않은 삶에는 언제나 희망이어라.

반쪽이 둘

비움 반에
욕심 반을 채우고
모자람 반에
넘치는 반을 채워 살면
반쪽의 지혜는 얻은 것이요

베짱이 삶에
개미의 삶을 반으로 채우고
내 반쪽에
임 반쪽으로 채우고 살면
완벽한 지혜를 얻은 것이다

강과 산이 따로 하지 않는
강산에서 사는 것이며
꽃과 나비가 따로 하지 않는
꽃나비가 되어 사는 것이다

박가야 김가야

박가야!
올해 농사 어땠소
흉년이었소
풍년이었소

김가야 말도 마라
쥔 거 없이 허리만 휘었소

김가야!
올해 풍류는 어떠하였소
흉작이었소
풍작이었소

박가야 말을 마라
등짝에 할퀸 상처 보여 줄까나?

허 허 허

우리 둘 다
상팔자는 못되는구려

해탈

사는 게 힘들고
지겨웁거든

병들고 늙음이
두려웁거든

생로병사 노예 되어
살지 마시고

생로병사 주관하는
주인 되소서

마음을 비우소서

깨달음을 얻으소서

해탈하여 세월의 껍질을
깨버리소서

이치

절망은 등 돌리는 데서
시작이 되고

희망은 마주하는 데서
싹이 튼다

이슬이 아침햇살에
반짝이고

하늘이 있어
땅이 마주하는 이치다

베풀어 보듬어 살라

기원하지 않아도 달은 뜨고
기다리지 않아도 그날이 오듯

행복은 반드시
때를 알아 찾아온다

뚜벅이

삶이
고달퍼요?
많이많이
힘드시죠?

가는 걸음 무거울까
무지개가 등 내밀면

외투 벗어 내던지고
한숨 편히 누이시다

떠나갈 땐 꿈 한 조각
남겨 두시고

살포시 가시소서
길 떠나소서
행복하소서.

죽음도 생명

사라졌던 구름이
다시 또 나타나고

넘어갔던 태양은
다시 또 떠오른다

겨울의 끝에서
봄은 또 오고

꽃을 떨군 나무에서
꽃은 다시 피어난다

떨어진 열매에도
햇살이 내려쬐니

열매는 새싹으로
몸을 바꿔 태어나고

생명은 생명으로 끊임없이
이어져 간다

살던 집이 헐렸다고
내 몸이 죽지 않듯

살던 몸을 벗었다고
영혼이 죽을소냐

몸을 떠난 생명이는
또 다른 세월의 길을 걸으며
새로운 삶을 살아갈 것이리라.

한 생(生)

무한(無限)의 시간 속에
한 생(生)을 산 것은

반딧불이 등에 올라
한 꿈을 꾼 것이요

송아지 울음으로
한 지식 얻은 것이며

이슬 위에 멍석 깔고
하늘 한 번 본 것이다

누구든 나비는 갖고 산다

내 가슴에 나비를 모르고 산 세월은
앞뒤 좌우 정신없이 살았습니다

누가 욕하면 금방 욕하고
누가 치면 금방 되받아 치고

기억되는 추억은 하나도 없고
이별의 아픔도 없었습니다

인생의 전환점이 되어준 건
가랑비 오는 어느 날

과수원 한켠에 인분이 퍼지러져 있고
익숙한 냄새가 콧속을 후벼 들지요

향큼하게 오는 것이 어릴 적 누이의 향수 같았고
농부 아버지의 시름도 흐릿흐릿 다가옵니다

가랑비 속으로 고향이 나타나고
추억이 아련히 젖어 오네요

아 !
내 가슴에도 알콩달콩 추억이 있었고
언제나 갈 수 있는 고향이 있었구나

비가 그치고 햇살이 비치면서
나비 한 마리 근사하게 날아가구요

처음으로 내 나비를 보았답니다

봄이면 꽃 한 송이 가슴에 심어 보고
가을이면 꽃길 따라 걸으며 사색해 봐요

당연히 인분 향은 피하지 마시구요

무한 신뢰

오늘 해가 지는 것은
내일이 있기 때문이요

저 달이 지는 것은
해를 믿기 때문이다

강이 없었으면
산은 산이 되지 않았고

죽음으로 쉬는 것은
태어남을 믿기 때문이다

후회는 뒤에 꼭 온다

당신이
파랑인지 빨강인지

청춘일 땐
몰랐네

당신이 하양인 걸
늘그막에 알았네

까망 청춘을 앉혀놓고
하양 신선이 훈계를 하네

여름날의 호수

남동풍의 기지개에
물결이 날개 젓고

내려 쏟는 햇살에
팔랑대는 꽃별 무리

위세 잃은 회초리 끝에
왕잠자리 희롱을 하고

흐느끼는 달빛 따라
호롱꽃이 피고 진다

하늘의 꿈

누가 너에게
날개를 주지 않았어도
너는 너의 날개를 갖고 있다

밤잠에서 나는 법을 독학하였고
오수의 단잠에도 날아오른다

꿀잠을 곱게 꾸려 내려줄테니
곱디고운 한복에
나비 날개 달고서

무지개 꽃 한쿰 담은
바구니 들고
연지곤지 찍은 얼굴
천사 웃음 잊지 말고

어둠이 문 닫기 전
서둘러 오렴

효풍은 깨지 않게
살금 날아서

소쩍새의 일상

내가 세상에 태어날 때
소쩍새는 울었을까?
내가 처음 슬퍼할 때
소쩍새는 울었을까?

사랑이 떠나가고 삶의 끝자락에서
비로소 들려오는 소쩍새 울음소리
소쩍!
소쩍!

소쩍이는 늘 나와 함께 하였고
내 삶에 있었다

돌아오는 햇살 좋은 날엔
헤어질 아쉬움에 운다하고
혼자 있을 내가 걱정되어
또 운다는데

아!
그가 침묵할 즈음에야
그토록 애달픈 사연 알 수 있을까?

소년의 상상과 초로의 상상

내가 발명한
2인용 우주선에
사랑을 가득 싣고서
먼 하늘을 날며
우주를 여행한다

마음 착한 요정을 만나
길 안내를 받으며
별님이 들려주는
솜사탕 같은 이야기에
소록소록 상상력을
키워나가던

그때는
소년이었다

부대낌과 시련으로
애써 산 세월
그 세월은 용케도
잘 견뎠지만
얻은 것보다 잃은 게

많게 느껴져
슬픈 나이

소년은 어느새 생의 끝을
두려움 없이 마감하는
그런 상상하는
초로가 되어있다

미련

마음에 앉은 딱쟁이는
당신에게 돌려주고

푸르죽죽 살찐 영혼
세월에 돌려주고

나 다시
옛날로 돌아가

동심으로
살고 싶소

꾸러기로
살고 싶소

동화처럼
살고 싶소

전통놀이

지난 것이 소중하고
옛것이 보배이며

동방예의지국에
동방의 해 뜨는 나라

한을 갖고도
신명나는 백성들

전통 놀이

풍물놀이에
흥을 돋우고 팽이 돌려 팽이치기

자치기 구슬치기 비석치기 딱지치기
말뚝뽑아못치기

새총으로나무맞추기 금그어놓고땅따먹기
사방치기 엽전따먹기

모래성쌓기 모래성허물며도토리따먹기

두꺼비집짓기

제기차기와 윷놀이 연날리기 닭싸움놀이
아! 그네뛰기 널뛰기 비누방울날리기 수건돌리기
박수치며이름대기 끝말잇기

고무줄놀이 오재미놀이 바람개비돌리기 공기놀이는 또 어떻고
굴렁쇠 굴리기는 세계인이 안다

다듬이 두드리는 소리에
강강수월래

말모양하고엎드리면 말타기
무궁화꽃이피었습니다 숨바꼭질
술래잡기

단오에 씨름
대보름 지불놀이 줄다리기 횃불싸움 차전놀이
동무들과놀다가한밤중에들어가면 엄마 잔소리

아이구! 얘야
전통놀이 나열하다
밥 다 식을라

꽃보다 아름다우신
우리 엄마 목소리

〈덧말〉
나라를 사랑하는 모든 분들에게
잊혀져가며 사라져가는
소중한 문화 전통놀이를
재정립하고 계승하기 위해
우리 땅 어느 한 곳에 전통놀이 총집합처를 만들었으면 하는 바람으로
시 아닌 시를 지어 올립니다
좋은 추억 만들고 건강하세요

이유

꽃바람을 베어 물고
냇가에 서면
어느새 마음 안에
들꽃이 피어나고

솔바람을 베어 물고
살며시 눈 감으면
어느새 두 눈 앞에
꽃구름이 몰려들고

그래서 못 가오
그대에게 못 간다오.

그 꽃의 비애

향기가 있고 없음이야 오롯이
네 몫이지만
네가 웃는 거야 오로지
내 마음에 달렸지

그래서 우울했지
너를 보러 갔더랬지
길가에 홀로 있지

그래서 슬프지
비 맞으며 걸었지
온 종일 울다 왔지

아 차라리 내가
꽃일 걸
봄 여름 가을 겨울
웃는 네 꽃일 걸

꽃과 나 사이

꽃이 웃지
또 보자고 말을 했지

돌아서니 꿈이었지

되돌아 찾아 봤지
그 자리에 피어 있지

꽃이 웃지

잃어버린 청춘

별을 따다 심겠다며
길을 떠난다
해넘이 노을을
따라서 간다

성 안 텃밭에
할미새 홀로 울고
대궐 아궁이에
탄식 소리 가득하다

빈 주머니 탈탈 털어
달빛 한 사발
허물어진 담에 기대
별빛 한 사발

들고양이 히죽히죽
제길 가는데
근심 걱정 조곤조곤
목조여 온다

아!

잃어버린 청춘

하늘에 별이
쏟아져 내린다
별빛이 나를
쓸어안는다

점점이 눈물방울
가슴에 박히운다.

세월의 상념

저 길 위에 가는 사람
저 사람이 누구더냐

어디서 본 듯하고
낯은 익는데

거울로 본 그 사람이
저 사람이 맞는다면

저 사람이 바로
내 노인이 맞는다면

아!

아는 척하지 말 걸
모른 척할 걸

가슴은 어느새
통곡을 하고 있다

무한의 인연

인연은
아픔이며 슬픔이고
기쁨이며 행복이다

인연은
만남이며 헤어짐이고
호연이며 악연이다

인연은
말할 수 있는 것이며
말할 수도 없는 것이고
보이는 것이며
보이지도 않는 것이다

인연은
그 모든 것이기에
별을 셀 수 없듯이
인연을 셀 수도 없음이며

이 또한
인연이 만들어낸 걸작품이다

사랑이란 그런 건가

천년만년 살자 하는
그 말을 믿었다네
속을 봐도 모를 텐데
겉만 보고 믿었다네

작은 능선 하나에
삐그덕대고
작은 골짝 하나에
허우적대고

첫눈 올 땐 사랑을
그리도 보채더니
나 하나를 행복으로
한 세상 산다더니

사랑하기 때문에 떠나간다네
댓잎 소리 끌어안고 살라한다네

사랑의 불씨는 돌려주고 가라해도
싸늘한 뒷모습만 남겨두고 떠났다네

섬, 제주

풍경은 새롭고
길벗 만남은 언제나 즐겁다

외로우면
파란 하늘에 구름 한 점 바라보고

그리우면
바다로 나가 하얀 소리를 듣는다

서귀포에 왔더니 고향이 있어
섬에 남고

놓고 온 것의 아쉬움보다
눌러앉아야 할 이유들의 설렘으로

조금씩 조금씩
섬으로 되어 산다.

꽃을 보는 너도 꽃이다

꽃을 가까이서
임 보듯 보려하고
꽃을 가까이서
거울 보듯 보려하고
히야 꽃이다
모두가 꽃이다

너는 희망의 꽃
너는 행운의 꽃
너는 미소 꽃
너는 향기 꽃

이른 아침 달개비 꽃은
네 미소로 피어나고
늦은 저녁 달맞이꽃은
네 향기로 피어나고
길 가던 나그네
꽃이 되어 쉬다 간다
히야 꽃이다
모두가 꽃이다
꽃을 바라보면 너도 꽃이다.

이상향

나
그 고개 너머에 가지 않았다

상상에서의 그곳에는

꽃과 바람이 어울려 추는 춤과
조롱박 올망졸망 아늑한 초가가 있고

하늘 내려와 쉬는 호수와
시(詩)와 시의 노래로 구애하듯
풀벌레들의 가느란 손끝과

잎은 날개가 되고
날며 사랑을 하고

초가 마루엔
내가 그리워해야 할 얼굴들
그들은 신선이 되어

누구나 가고 싶은 곳
그곳 사라질까

차마 발길 멈출밖에

나는
그 고개 너머에 가지 않았다.

유랑자

산은 산 앞에 겸손하고
강은 흘러가는 다른 물을 시기하지 않는다
강과 산이 하나일 수 있는 이유이며
강은 산 아래서 한가롭고
산은 강을 보면서 평화롭다.

1
어떤 이가 내 이름을 불러준들 무엇하고
어떤 이가 내 이름을 모른단들 어떠리
인생 어차피 내가 주인인 걸
피란다고 피는 꽃은 어디에도 없어라
나 지금 강산에 서있으니 부름받기 싫구나.

2
가슴에 피었다고 한 꽃만 보기 어렵고
꽃잎에 앉은 나비를 하루 보기가 어렵구나
나 끝없는 개울 따라
강산을 유람하리.

3
길마다 꽃 피고 날마다 새 우니

온종일 세상 구경 늙기가 어려워라
나 먼 산 구름 흘러가듯
한 세상 살다 가리.

너

풀벌레 홀로 울어 잠 못 들고
하롱하롱 꽃잎 지는 한밤
사연 들어주는 달님 같은
너의 이름은 소녀

별빛 떨어져 흐르던 개울가엔 네 그림자
달빛 훑고 지나간 산자락엔 네 발자국
가슴은 깊어 동심에 기대어 살며
아기 사슴의 눈망울을 닮고 싶어 하던
너는 언제나 그리움

시린 사랑 한번 못해 봤지만
꿈같은 이별은 못해 봤지만
아픔을 알아 참아낼 줄도 알아
길 멀어 먼 그 끝자리에서 향기 가득
예쁘게 말하려 하고

가끔 웃는 미소가 아름다워
하얀 구름 속 솜사탕 같은 너는
너는 나의 존재
네가 나였고 내가 너였음을
이제야 조금 알아 산다.

행복이 건네는 언어

모순에서 사는 사람들
행복을 쥐고도 좇는 사람들
때로는 내려놓고 계절의 소리를 들어라
숱한 세월 흰 벽에 부딪히며 산을 타고 넘어오는
늙은 바람의 소리를 들어라

산 자여,
죽은 자의 마음으로 들었겠느냐

생각에 불행이요 생각에 행복이요
행복 속에 불행이요 불행 속에 행복이요
곳곳에 불행이며 곳곳에 행복이니
꽃밭을 가지 않고도 꽃을 볼 수 있음이며
임이 오지 않고도 임을 볼 수 있음이라

산 자여,
죽은 자의 마음으로 보았겠느냐

내가 웃지 않는데 꽃은 웃지 않으며
내가 웃어야 그 꽃은 웃는다네
보고자 준비되지 않은 마음으로

오롯이 영화를 느낄 수 없고
듣고자 준비되지 않은 마음으로
오롯이 음악을 즐길 수가 없구나
산 자여
불행과 행복이 동시에 찾아오면
어느 것을 고를 수 있었겠느냐

지혜로운 이는
불행 속에서 오히려 한 편의 명시를 찾으려 하지만
어리석은 이는
희망을 쥐어줘도 걱정만을 떠올린다
스스로 생각하여 느껴라
하늘에서 별들이 그대 위해 반짝이고
땅 위에서 꽃들이 그대 위해 피고지네

행복은 삶이며 생활이고
내 몸이고 마음이다
한순간의 환희심으로도 지혜로우면
백년을 누려 살 수 있음이다.

인생 일기

어느 날 내가
풀꽃 향기 떠난 산길을 홀로이 걷고 있다면
그것은 그리움일 것이요

어느 날 내가
시들어가는 꽃잎에 한 방울 눈물이라도 주고 간다면
그것은 사랑일 것입니다

어느 날 내가
기어 다니는 개미를 밟지 않고 하루가 갔다면
그것은 행운일 것이요

어느 날 내가
현실에 기뻐해 살면 그것은 아마도
최고의 지혜가 될 것입니다.

사랑보다 좋은 이별할래

저녁 바다가 해를 삼킨다
해는 마지막 남은 재주 하나로
나를 기쁘게 하려 하고
나는
마법 같은 그의 아름다운 이별에
살포시 접은 시어(詩語) 하나를
책갈피에 끼워 넣는다

어떻게 알았을까
오늘 나의 이별을
그 이별은 분명 꿈 같은 사랑이었음을

섬 한편
바닷가 언덕의
햇살 조금 남아있는 집 마당으로
새들이 모여들고
사랑을 기다리며 수평선에 걸쳐있는
둥근 눈망울은 슬프다.

시로 꾸미는 정원

구름과 안개가 임 대신하는데
비는 사색을 적셔 와
배시시 웃는 꽃들로
길손의 마음은 바쁘다

소리를 가진 벌레들이 귀를 깨우니
별별 나비 하나둘
춤을 추듯이 놀며 날아
참새들의 꽁지가 하늘을 찌르고

섬 남쪽, 바다가 정원인 그 집에는
시인이 살아
시인은 꽃으로 피어 살며
나비로도 살아

채색을 끝낸 노을 덧칠하며
시 노래를 부르면
앞바다에 살던 고동
파도 소리 담아 운다.

소원

내가 풀이라면
이랑에 잡풀 말고 강변 자갈밭
옹기종기 모여 사는 금강아지풀이고 싶고

내가 꽃이라면
그대 가슴에 호롱불
따뜻한 꽃으로 피고 싶었다

광풍이 밀어내는 파도가 아니라
까만 먹구름이 쏟아내는 폭우가 아니라

새벽바람에 토라진 이슬이여
창틈에 끼어 우는 바람이여
간신히 이승에서 사람인 것은

올바름을 바로 알아 살으리라
바라는 마음 하 간절해서 이리라.

동행

뜰 안에 바람이 날개를 쫓고
뜰 밖은 오색 잎들이 파드닥파드닥
하늘 흰 구름 꽁지라도 붙들고
세상 끝 가려네

가다가 비를 만나면
빗줄기에 매달리고
금빛 은빛 개울을 마주한 곳
동산에서는 쉬었다 가야겠네

이보시게나
그대는 나에게 그리운 사랑
그 사랑이 맞는다면
지나는 달빛에라도 길을 물어
날 보러 와주려나?

꽃잎 이어 집 짓고
함께 꿈길을 거닐다가
동트거든 샛별 꿈에 들러서
하늘 위보다도 먼 세상
날으며 노세.

황혼가

저녁 빛으로 새 날아들거늘
노인이여
매화 가지의 붉은 얼굴을 부러워 마오
새벽 만월을 시기하지 마오
어젯밤 보이지 않던 별들이
오늘 밤 강산을 두루 비추고
가던 길이 끝났다고 길이 끝인 게 아닌 걸

꽃이던 시절 나비였던 시절
못다 한 그 사랑이 얼마나 애절했을지
그때의 아팠던 이별도
이루지 못한 꿈까지
아름다운 마음으로 안아 주오

세월이여 가거라
네가 알아 오가듯 내가 알아 오가련다
너 때문에 늙지 않아
내 스스로 늙어가는 거야
언제나 피어 사는 꽃
지는 것이 두렵지 않아
꿈이 있는 꽃으로 살다가

곱게 질 거야

저녁 하늘이 아름다운 걸 봐
새벽 밤하늘에 핀 별들을 봐

노을이 곱고도 한갓지듯
나의 황혼은 나의 영혼은
아름다워라
쓸쓸해도 아름다워라
내 죽어
새 몸 얻으리니
세월이여
너는 너이듯
아, 나의 노인이여
내가 나이듯.

빈 산간, 마을 풍경

돌아보면 그리운 길 깊은 산촌에
어느 임네 살았던가
적막하구나

기울어진 기둥 옆 쑥부쟁이 꽃 몇 송이
앞 도랑 작은 물길도 흐르지를 않는다

쓸쓸함이 주렁주렁 잎과 잎 사이
동구나무 빈 까치집

어둑어둑 먼 하늘만 내 친구란다
먼 하늘만이 내 친구다

첩첩산 첫눈, 꽃피우려나
모람모람 고목 위로 눈이 내린다
뽀송뽀송 하얀 눈이
먼 데서 온다

남은 이가 없으니 떠난 이도 없는 곳
아름다웠을 임들의 전설 이야기는
뉘에게서 들을까.

길, 외길

외로워 길을 나섰습니다
그리워 오솔길을 걸어갑니다
지쳐 시든 꽃 한 송이 보였습니다
울지 않는 새 한 마리 보았습니다
까뭇까뭇 실루엣이 아른거려서
오르다가 걸음을 멈춰 섰더니
머리 위로 구름 한 조각 따라옵니다

맘먹고 길을 나섰습니다
끝 노을 바닷가를 걸어갑니다
가자니아 꽃 무리가 보였습니다
마음을 뺏기고 말았습니다
억새풀 무리도 만났습니다
일일이 사연 들어주려다
남은 마음 다 내주고 말았습니다
가벼워진 마음에 걸음을 멈춰 섰더니
겨울 파도 위로 갈매기 떼 날아갑니다

홀로이 길을 나섰습니다
초행 지 숲길 따라 걸어가다가
절간 지나 길 끝에서 멈춰 섰더니

동그라미 빈집만이 무성합니다
무심코 올려다본 파란 하늘은
하얀 낮달이 낯설고
길어진 그림자 위로 햇살 한 조각
촉촉이 젖어드는 풍경소리가 서럽습니다.

숨비소리

붉은 숨을 뿜어내며 화산은
큰 섬 낳았네
하얀 바당 토해내며 어멍의 거친 숨은
큰 섬 지키셨네

숨비소리 숨비소리

나그네야 섬을 찾은 나그네야
부서지는 파도 보며 홀로 눈물짓지 마라
나그네야 섬에 사는 나그네야
초롱초롱 별을 보며 홀로 한숨짓지 마라

우리는 언제나 함께하며 피는 꽃
우리는 언제나 함께 날며 꿈꾸는 나비
사랑 나누며 노래 부르리
제주 바람 어멍의 전설
후세에게 전하리

호이호이 호이호이
바당 사랑 섬 사랑
숨비소리

어둠

어둠에는 고독의 덩어리가 산다
그 고독이 나를 그리움으로 이끈다
어둠 안에서
별 소녀의 떨리는 심장 소리를 듣고
달 소녀의 애절한 눈빛과
잊히던 인연들의 절절한 이야기를 듣는다

어둠에는 사랑의 덩어리가 산다
그 사랑이 나를 희망으로 이끈다
어둠 안에서
알면서도 부르지 않은 노래들의 눈물과
작다고 버려졌던 꿈과
은하수를 닮고 싶어 하던 많은 빛들의
씨앗을 만난다

어둠에는 쓸쓸함과
그 쓸쓸함이 숨겨 놓은 삶의 환희와
어둠에는
특별한 느낌으로 젖어드는
그 어떤 생명이 있다
지나간 것에 대한 애틋함과

기다려야 할 것에 대한 설렘도 있다
허공으로 시어(詩語)들이 날아다니고
그것들을 하나하나 주워 살피다
미지의 세상에 빠져 살기도 한다

어둠은 밝음을 낳는 어머니
사색하고 시작해야 할 내게
환한 길일 게다.

별, 그리움

하늘은 밝아
그 섬의 밤에 별은 없었다
그저 가슴을 뛰게 하는 꽃들이
환하게 피어 있었다

나는 산 자의 눈을 하여 바라보다
죽은 자의 마음이 되려 할 때
비로소 그것이 별임을 알아
차라리 눈 감고 하나 둘 별을 헨다

그 섬엔 별이 하 많아
섬은 하 밝아
별을 헤고 또 헤고
별을 헤다 천년 고목이 되고
아 내가 별이 되고

별이 된 후에야
이곳과는 사뭇 다른 고향 하늘이 생각나
초롱한 별을 골라 옮겨 심으니
별이 뜨오 별이 뜨오
나의 하늘 여기저기에도 별이 뜨오

그토록 메말라있던 하늘이 반짝거린다
하늘에는 별들이 땅에서는 꽃들이
속닥거린다

지금쯤은 그 사람도 어느 별과 속삭이고 있겠지
아 이제는 마음 편히 별을 헤야지
별을 헤다 또다시 별이 된다 해도
나는 별을 헤야지

별빛이 따습다
지나가던 지친 달이 눈썹 위에 걸터앉아
쉬어가자 하고
북적북적 별들이 가슴에 머물자 한다.

무조건

사랑을 줘 봐요 무조건
그것이 사람이든 짐승이든
들꽃이든 꽃이 아닌 풀 한 포기든
사랑을 줘 봐요

그들의 아픔이든 슬픔이든
그들이 꿈꾸는 것이나 기뻐하는 것에까지
사랑을 줘 봐요

행복은 단비가 되어 와요
시원한 바람으로 와요
예쁜 꽃으로 피어 와요
쓸쓸해하는 밤이면
달로 별로 환하게 웃으며 꼭 와요

조금은 작더라도
사랑을 줘 봐요
바라지 말고 사랑을 줘 봐요
행복은 노래로 와요
춤으로 와요
어느새 살그머니 옆에 와 있어요.

인생사

이보쇼
날 보소
무슨 사연을 그리도 달고
허우허우 가는 게요

이승이 삶이면
저승도 삶인 것을

가다가 흐르는 물을 만나거든
같이 따라서 흘러가고
가다가 게으른 구름이 보이거든
같이 누워서 쉬었다 가고

가끔은 숲에 들어 소리를 듣고
마음도 한번 바라다보고

그러다 황혼의 바다 앞에서
한바탕 껄껄 웃고 가면

그 인생 못 살았다
누가 토를 달겠소.

내가 만약 기도한다면

어떤 이유로든
육신과 마음을 뉘어 놓고
창밖의 빈 허공만 바라보며 사는
그런 노인은 되지 않게 해 주소서

가을 낙엽 떨어지는 소리 따라
떠날 수 있고
냇가에 산골짝에
홀로 솔솔 향기나는 꽃을 찾아
떠날 수 있는
그런 사람으로 살게 해 주소서

별들이 쉬어갈 마음 한자리
그대로이게 해 주고
부엉이 우는 밤
구름이 달을 가리려 하면
흔들림 없이 까치발로 설 수 있도록만
하여 주소서

그리고
마지막 이별해야 할 순간

빛 한 줌 영혼에 담아
떠날 수 있다면
그러면 되지요
그러면 행복해 하지요.

내가 만약 외로워한다면

내가 만약 외로워한다면
골짜기에 뒹구는 바람이여
몸을 씻고 흰나비로 날아와
꿈꾸는 숲의 비밀스런 이야기를
들려주오

내가 만약 외로워한다면
휘돌아 실개천 언덕에 핀 꽃들이여
봄볕 속살 같은 향기 풀어
흘러가는 물 위에 띄워 보내 주오

그래도 외로워하면 달님이여
옆을 내어 주어 좀 쉬게 하여 주고
파랗기만 한 하늘이여
숨겨 놓은 보슬비를 흩뿌려 내려 주오

그러나
그래도 어떤 날 외로워한다면 그대여,
그대의 노래하는 새를 하늘에 날려 보내 주고
그대의 잠든 별 깨워
어느 솔나무 우듬지 사이에 놓으오

봄날 곁에서 맴돌지 않고
가을 그 안에서 서성대지 않도록
그러면 되지요
그러면 행복해 하지요.

그 길에서

초입에 들어서니 돌 밑에 꽃 한 송이
세상이 네 것인 양 즐겨 살아 피라 하고
숲길에 들어서니 허허한 배
넘쳐남을 경계하고 모자람도 경계하라

팔 부 능선 벤치 의자 쉬었다 가라건만
뫼 끝에 오르니
나를 닮은 듯 닮지 않은
작은 별 하나
어린 나를 소환하여
보니
다행히 원망은 하지 않아 기쁘구나

갈매기도 떠난 항구에 일갈하며
떠나가는 배
밤을 건너서 새 날은 오고
나 돌아오려니 너 돌아가려니
모든 것은
돌고 돌아 오가려니.

봄날

가다가 걸어가다가
빨강 노랑 하양
보랏빛으로 피는 꽃을 보자
터트릴 듯 말 듯 작은 꽃 보자
다른 꽃일랑 넣지 말고
다른 색깔은 넣지 말고
한 발짝 한 발짝 다가가
그 모양만 오롯이 보다가
밤이면
하늘에 피는 별을 바라보자
반짝일 듯 말 듯 작은 별 보자
다른 별일랑 넣지 말고
다른 모양은 넣지 말고
그 별빛만 오롯이 보다가
집에 와서는
달빛을 기다리는 나비로는 살지 말자

여울목에 톡톡 튀는 물방울을
꽃잎 위에 잘잘이 부서지는 햇살을
별빛 숲을 비행하는 나비를
닮아 살자.

산다는 것이 좋은 거

살다가 어느 날 부는 바람이 싫거든
바람에 출렁이는 풀잎을 보오
살다가 어느 날 내리쬐는 햇살이 싫거든
햇살에 반짝이는 이슬을 보오

나와 함께 살고 있는
이 세상 모든 것들이 소중하고
나와 함께 살아가는
이 세상 모든 생명들은 아름답나니

그들을 사랑하고
그리워하는 마음으로
산다는 것이 좋은 거
하늘을 보고 또 바라보다

죽을 만큼 아프지 않음에 감사해 하고
죽을 만큼 부족하지 않음에 감사해 하며
사람으로 살고 있음에 더 감사해 하고
사람답게 살고 있음에 더 행복하다 말을 하오.

새야

새야 작은 새야
너도 우는구나
그 소리 섧게 들려
너도 이제 큰 새란다

새야 작은 새야
너도 나는구나
그 모습 생경해도
산야가 네 것이니
새야 작은 새야
높이높이 날려무나

날다가 아니 와도
내 맘 안에 너 있으니
별꽃 지고 길 잃어도
꿈은 놓지 않으려니

훨훨
구름 저 높고 하늘 멀어 먼 곳으로
날아라 새야 작은 새야

산수 명월

물은 맑아
깊어가는 임의 마음인가 하고

산은 임의 얼굴인 듯
보고 있노라면 돌아서기가 싫구나

누가 보낸 걸까

꽃물결에 취한 달이
먼저 와 반기는 날

물가에 홀로 앉은 원앙의 어깨에
하얀 서리가 한가롭다.

행복

행복은
지혜에서 나타내고
긍정의 생각이 행복을 만난다

행복은
내 삶에 이미 있는 것
있는 것을 소중히 누려 사는 것

행복은
가을에 봄 바라기를 하지 않고
가을로 숨 쉬어 사는 것

나의 시

꽃이 피려 하니
임은 떠나고

임이 걷던 그 길에
꽃은 다 져 없구나

끝나지 않을 기다림에 나는
그리고 나의 시는

얼음 쩡쩡 우는 밤
달빛 소리를 찾으려

그리움의 언어 뒤에
눈 감춘다.

사계절

동쪽 봄바람이
꽃눈을 건드니
서쪽 여름 하늘에
노을이 짙고

남쪽 가을 들녘에
시가 여무니
북쪽 겨울 빈 하늘에
눈꽃이 풍년이라.

봄은 피어나니 기쁘고
여름은 강렬해서 기쁘고
가을엔 바라만 봐도 기쁘고
겨울은 축복을 내려 주니 기쁘고

계절마다 곳곳이 즐거우니
꽃 진다한들
웃고 살지 않을래야 웃고 살지 않을래야

시나 한 수

임보다 꽃을 먼저 생각한다 하면
사랑을 아직 모른다 할 거고
꽃보다 임을 먼저 생각한다 하면
아픔을 아직 모른다 할 거고
달빛보다 별빛이 곱다 하자니
달은 뜨지 않을 것 같아

바람에 몸을 맡긴
연줄 같은 이내 인생

숙명의 코뚜레에
꿰여진 팔자려니

빗물로 별을 그려
시나 한 수 지을밖에

일편단심

꽃이 피어 예쁘다 하나
임의 미소를 못 따르고

새가 울어 슬프다 하나
임의 눈물을 못 따르네

하물며

겨울 꽃이 핀다 한들
내 마음 알아 피우지 않고

새가 앉아 운다 한들
내 마음 알아 울지 않으니

임 향한 마음이야
나를 따를 이 없어라.

그리운 고향 마을

살며시 눈 감으면 아득한 공간으로
곡선이 아름다운 초가 마을
하얀 박꽃

흙돌담 고전 얘기를 아이들이 재잘대고
얼기설기 사립문엔 흙 꽃이
주렁주렁

그 시절이 그립다

넘쳐나는 놀이로 철들기가 싫은 놈들
초대하지 않은 사람들의 사랑방 이야기 꽃
집집마다 다듬이 소리가
멈출 줄을 모르고

하늘이 유난히 멀어지던 날
이엉 엮는 아부지는 우두머리 아비 백로
용마름을 쥐어틀 땐 영락없는 아비 사자

그 고향이 그립다

함께 놀던 친구 제 갈 길 가겠다고
하늘 보며 얘기하던
그날의 달빛이 그저 그립고

아부지 식 사랑 표현
아이구 이놈 자식 언제나 철이 든댜

그 말 지금 너무 그리웁다.

당신 얼굴

낯익어 늘 보는 그저 그런 구름인데
꽃보다 예쁘고 황홀할 때 있습니다

낯익어 늘 보던 그저 그런 달인데
사무치게 서러운 그런 날 있습니다

내 호수에 가득 차던 당신 얼굴과
내 호수에 쓸쓸한 당신 얼굴

석양이 다 돼서야
돌담에 남아있는 햇살에 기대어

내가 그린 당신의 호수에
시를 적어 띄웁니다.

오지

오지에는 왜 오지?
오지니깐 오지

내 가슴에 오지는 하얀 도화지
하늘색 작은 집 한 채

달빛 사이사이 멈춰진 시간
하 많은 별들

어린 시절 찾아서
과거로 가는 시간 여행
마법의 길목

구름 첩첩 오지에
파랑새 산다.

별에게

나는 땅을 밟으며 살고
너는 하늘 멀어 먼 끝에서 살지
우리 사이의 거리는 하늘과 땅 차이
너무도 멀어서
더 멀 수도 없는 거리
그런데 별아 너 그거 알아?
가끔은 네 꿈을 꿔
꿈속에서 널 보면 그냥 좋고
그곳에서 우린 정말 친한 사이인 것 같애

인연인가 봐
어쩜 친구였을까?
아님 내가 너의 별에서 살다 왔는지도 모르고
그때 약속했겠지
내가 꼭 세상을 여행하다가 사람이 될 거고
아름다운 너의 시를 쓰겠다고

수억 년 흘러 우주 반 바퀴쯤 돌아
여기까지 왔을지 모를
너를 마주하는 이곳에서
너의 심장이 뛰는 것을 느끼며

이제 너의 시를 써

오늘만은 별아
민얼굴로 내 꿈속에 들어와 줘
그리고 이곳 사람들에게 너의 많은 이야기를
전해줄 수 있도록
새로 태어난 아기별 이야기와
여우별 아씨의 사연까지 모두 들려주고

우린 친구라고 말해줘
자주 봤으면 좋겠다고도 해줘
내일 밤 너의 꿈속으로 초대한다고
가만히 속삭여 줘
바람마저 곱게 불어오는 밤이야
어떤 꽃을 좋아하는지 말해주면
예쁘게 물든 꽃 한 송이 꺾어 두었다가
꼭 들고 갈게
별아
오! 나의 별아
널 만나러 갈게
네가 비춰주는 오솔길 따라 갈게

영혼에게 묻다

온전히 내가 들어 있어야 할 내 안엔
다른 이가 있고
또 다른 이가 들어 있고
그 달빛에 꽃 피고 길은 밝건만
살면서 무얼 버리고
무엇을 얻었어야 했느냐

싸움터에서 무얼 버리고 무엇을 얻어야 했으며
외져 홀로인 길에서 무얼 버리고
무엇을 얻어야 했으며
산을 보고 물을 보며 무얼 버리고
무엇을 얻어야 했으며
허허벌판에서는 또 무얼 버리고
무엇을 얻었어야 했느냐

밤을 비추는 많은 빛들을 보며
무얼 버리고 무엇을 얻었어야 했으며
밤의 어둠에서는
무얼 버리고 무엇을 얻었어야 했으며
푸른 하늘 위를 걸어 본 적이 없는데
까만 바다 위에는 서 본 적이 없는데

올바름에서 무얼 버리고 무엇을 얻었어야 했으며
그릇됨에서 무얼 버리고 무엇을 얻었어야 했으며
머리며 가슴이며 두 손은
무얼 버리고 무엇을 얻어 살았어야 옳았겠느냐

날씨에도 감정과 시간에게도 생각이 있는지를
어찌 알고 살겠느냐 어찌 느껴 살겠느냐
세월은 길고 유구하지만
내 세월은 가깝고도 짧구나
이것만은 알겠구나

버려야 할 것을 모르고
얻어야 할 것도 모를 때
어찌하면 되느냐
산은 왜 산이요
물은 왜 물이련가
이 대답을 모를 때
영혼이여 어찌하면 되느냐
바람은 내게 무슨 말을 하려는 것이며
저승 갈 때 영혼이여 무엇을
쥐어주면 되느냐.

내 영혼의 꿈

내 영혼은 어딨느냐
어디에 있느냐
산수 유람이나 즐기려다가
산전수전 다 겪다가
이승길이나 서있겠느냐
저승길에서나 서있겠느냐

내 영혼은 어딨느냐
어디에 있느냐
하늘길 허공길 탐내려다가
삼수갑산에나 들다가
이승 땅에나 묻히겠느냐
저승 땅이나 밟겠느냐

내 영혼은 어딨느냐
어디에 있느냐
종이배 띄워 꽃구름만 실으려다가
하얀 달 목에 걸려
기뻐 춤은 추었더냐
물 건너
소동(小童)이나 만났겠느냐

이게 전부야

흥정하는 좌판 할머니
이게 전부야

어머니가 아들에게 사업밑천 주시면서
이게 전부야

가진 것이 많아도
이게 전부야

가진 것도 없는 사람이
에계계 이게 전부야?

주는 사람 받는 사람
이게 전부야
지는 해도 말하기를
이게 전부야

아! 다이도 바이꾸나(아! 달도 밝구나)

시를 쓰는 나도
이게 전부야

〈에필로그〉

작은 글벗 집

속리산 끝자락의
한적한 농촌마을

소박했던 한 소년의 사랑방 꿀잠자리

내 마음에 바람이 일어난 건
신혼 무렵 시작됩니다

읍내의 작은 글벗 집을
과감히 접은 나는

섬나라 제주도로
이민을 떠나지요

삶의 돛은 거센 태풍으로
요동치기 시작하고

흔들리는 영혼은

거침없이
한잔 또 한잔

공항에서 흘린 눈물을
바다가 거둬가도

내 가슴을 내 마음이
끊임없이 옥죘구요

길을 찾아 떠난 곳은
도피처가 돼버리고

상처의 흔적만
너무나 컸습니다

48 킬로그램의 몸뚱이를
간신히 거두운 채

한 번 일어난 바람은
국경까지 쉬이 넘고

중국을 제 집인 양
똬리를 틀었지만
초점 잃은 두 눈은

대륙을 탐내면서

재주는
한없이 무능했구

아군인지 적군인지
구별도 하지 못해

정신이 들었을 땐
지갑은 털려있구

주머니 가벼워서
사랫길 따라 걷다

바람 불면 바람 따라
이곳 기웃 저곳 기웃

인생의 덧없음만
동반자가 되어주고

초로의 몸이 되어
지면 위에 섰습니다

과거로 가는 길을

동심에게 물어보고

새록새록 추억들을
회상하면서

그립고 까마득한
옛길 위에

작은 글벗 집을 새로 지으며……

　　　　*작은 글벗집: 젊은 날 운영하던 서점 이름

가는 뒷모습이 아름다운 것은
다음엔 더 멋진 삶을 살 수 있음을 알고
가기 때문입니다.